AF542227

SOCIÉTÉ INDUSTRIELLE DE NANTES.

Séance Publique Annuelle

Du 3 Mars 1833.

Nantes,

De l'Imprimerie de Mellinet.

M. DCCC. XXXIII.

Bureau de 1833.

MM.

ROBINEAU DE BOUGON, colonel de la garde Nationale, *Président.*

DORÉ GRASLIN, propriétaire, } *Vice-Présidens.*
BILLAULT, avocat, }

DE TOLLENARE fils, propriétaire, } *Secrétaires.*
TALVANDE aîné, négociant, }

DE CONNINCK, négociant, } *Secrétaires-Adjoints.*
BRINDEJONC, avoué, }

CONSTANT VERGER, négociant, *Archiviste.*

ED. GOUIN, banquier, *Trésorier.*

CONSEIL D'ADMINISTRATION.

TH. LORIEUX, ingénieur des mines.

SIMON, propriétaire, gérant du journal *le Breton.*

DECHAILLE, négociant.

PALOIS, docteur-médecin, président de la Société Académique.

BRIEUGNE, instituteur.

A. GUÉPIN, docteur-médecin.

PINARD, propriétaire.

MELLINET, imprimeur.

DE TOLLENARE père, receveur des hospices.

MARESCHAL, docteur-médecin.

F. FAVRE, maire de Nantes.

VERGER aîné, ancien négociant.

SOCIÉTÉ
INDUSTRIELLE
DE NANTES.

Séance Publique Annuelle

Du 3 Mars 1833.

Cette Séance se tient dans la grande salle de la Mairie. A une heure précise, cette salle offrant une nombreuse assemblée, dont la plus grande partie composée d'ouvriers, M. le Président de la Société Industrielle prend place au Bureau, où siègent à ses cotés M. le Lieutenant-Général commandant la division, M. le Maire de la ville de Nantes, diverses autres autorités civiles et militaires et les Membres du Comité Central de la Société.

M. Mareschal, l'un des Vice-Présidents, Président

en l'absence de M. Barrat, ouvre la séance par un discours.

M. Charles de Tollenare fils rend ensuite compte des Travaux de la Société pendant l'année qui vient de s'écouler.

La séance est terminée par la Distribution des Prix, conformément au Programme.

Dans les intervalles des lectures, la musique du 56.e exécute des morceaux d'harmonie militaire.

DISCOURS

PRONONCÉ A LA SÉANCE DU 3 MARS 1833,

PAR M. MARESCHAL, D.-M.,

VICE-PRÉSIDENT DE LA SOCIÉTÉ INDUSTRIELLE.

Messieurs,

Un des devoirs les plus importants du Comité Central de la Société Industrielle est de rendre, chaque année, un compte exact de l'emploi des fonds qui lui ont été confiés, et d'exposer les mesures qui ont été prises, tant pour assurer l'existence, que pour soutenir les progrès de cette Société.

C'est pour accomplir ce devoir que vous avez été convoqués en assemblée générale.

Qu'avant tout, Messieurs, il me soit permis d'exprimer le regret que j'éprouve, d'être dans l'honorable obligation, de tenir en ce moment, la place que devait occuper M. Barrat, votre Président. Pénétré, comme il est, de tous les intérêts d'une Société dont il a dirigé tous les travaux, connaissant par conséquent mieux que personne, les causes qui tendent à fortifier ou à paralyser ses moyens d'extension; il pouvait seul, avec le talent que vous lui connaissez, mettre sous vos yeux le tableau complet de l'institution industrielle que vous avez fondée, caractériser son esprit, enfin tracer la marche qu'il convient de lui imprimer pour l'accommoder aux exigeances des mœurs et des ressources de notre localité.

Cette lacune, aussi pénible qu'inattendue de M. le Président, laisse un vide qui sera comblé, autant que possible, par le rapport dont M. le Secrétaire va vous donner lecture. J'y ajouterai quelques observations générales, pour lesquelles je réclame toute votre indulgence. Prévenu trop tardivement, je n'ai pu donner à un sujet qui ne m'est pas familier, que de courts intervalles dérobés à mes occupations habituelles.

Je dois d'abord des explications sur l'époque fort arriérée de cette séance qui, d'après nos réglements, devait avoir lieu dans le dernier trimestre de l'année qui vient de s'écouler. Ce retard, il en faut convenir, a sa source dans les défauts que nous avons en vue de corriger chez les autres, dans la paresse, et cette préoccupation, pour ne pas dire plus, qui nous porte souvent à négliger pour les nôtres les intérêts d'autrui, intérêts sacrés, quand ils ont pour objet le soulagement des infortunés.

Nous sommes donc coupables, Messieurs, et d'autant plus, que ce retard pouvait compromettre le sort de la Société, en ajournant l'époque des cotisations des souscripteurs. Toutefois, le Comité, sans décliner ses torts, n'est pas sans quelques justes motifs d'excuses. Il ne faut pas perdre de vue que, dans la mise en œuvre des différents articles du Prospectus qui vous est connu, celui qui concerne l'établissement d'une École de Dessin; celui qui se rapporte à une judicieuse répartition des prix, et qui obligeait à faire une classification de tous les ouvriers, et celui qui doit créer une caisse générale et mutuelle de secours, et en coordonner tous les éléments, ces différents articles, dis-je, ont offert d'extrêmes difficultés qu'on n'avait pu prévoir, et par cela même exigé un grand nombre de réunions de la part des commissions et du Comité Central.

Il importait que ces travaux fussent terminés avant d'appeler de nouvelles cotisations. Aujourd'hui, nous pouvons vous présenter des résultats certains, savoir : Un fonds de réserve placé à intérêt ; environ 70 enfants maintenus dans les écoles ou mis en apprentissage ; une bibliothèque adaptée à l'usage des ouvriers et rendue suffisante, par la sollicitude du sociétaire qui a bien voulu s'en charger, en l'ouvrant dans son propre domicile ; des prix déjà répartis et que nous allons distribuer dans cette séance ; enfin les bases arrêtées d'une caisse mutuelle de secours. Ce commencement d'activité était, j'imagine, bien plus capable d'intéresser que si, pour plus de régularité, nous eussions fait une convocation trop hâtive, dont l'effet inévitable eût été de refroidir le zèle, en laissant planer le doute sur la réalisation de nos projets. Néanmoins, les réunions générales devront dorénavant être plus fréquentes et aux époques fixées par le réglement. C'est dans cette intention que M. le trésorier, à qui la Société doit d'ailleurs tant de remercîments pour les soins qu'il a donnés au placement de nos fonds et à tout ce qui regarde la comptabilité, a cru convenable de clore les comptes au 31 décembre au lieu du 28 février, cette dernière époque ne pouvant cadrer avec les autres opérations analogues.

Ces explications étaient nécessaires ; car il est bon que le nouveau comité central se conforme, plus que nous ne l'avons pu, aux articles des statuts qui nous dirigent.

Venons maintenant aux observations qui font la matière de ce discours. Mon intention est de faire connaître à ceux qui l'ignorent, ce qu'est la Société Industrielle. Beaucoup de personnes, si je ne me trompe, n'ont de cette Société qu'une idée fausse ou incomplète. La faire connaître, c'est la recommander.

Elle n'est point nouvelle l'idée des Sociétés protectrices de l'industrie, en tant qu'elle se rattache à favoriser son développement par tous les moyens généraux.

A toutes les époques de civilisation, on a vu les gouvernements accorder des primes d'encouragement, des prix ou des récompenses, tantôt pour donner aux recherches utiles une direction plus favorable, tantôt pour indemniser de leurs avances, les auteurs des découvertes ou des perfectionnements ; dans d'autres occasions, des avantages plus ou moins grands étaient offerts à ceux qui parvenaient à introduire parmi nous, des arts nouveaux ou de meilleurs procédés que d'autres peuples s'efforçaient de tenir cachés. Souvent même, des titres de noblesse ont été la récompense de pareils services. Nous pouvons mettre encore au rang des moyens d'avancer l'industrie, les grands voyages d'exploration et de découvertes, entrepris par ordre des gouvernements.

Les gouvernements n'ont pas seuls contribué à ces moyens d'émulation : outre les Académies, nous pourrions citer les compagnies des Indes, quelques ports maritimes, et de simples particuliers qui en ont fait autant et même davantage.

Mais que ces essais d'encouragements étaient loin de la manière dont on les conçoit aujourd'hui ! appliqués selon l'occasion, sans suite et sans aucun plan bien déterminé, ils étaient réduits, pour la plupart, à de faibles ou de bien tardifs résultats. Ils ne furent jamais conçus avec cette hardiesse de pensée, qui embrasse à la fois toutes les branches de l'industrie, et les réunit dans un concours de perfectionnement, qui ne peut obéir qu'à une impulsion à la fois continuelle et simultanée. Sous d'autres rapports, ces encouragements isolés n'eurent souvent pour effet que de favoriser un monopole toujours discuté par l'intrigue et la cupidité. Ils devenaient ainsi plus nuisibles qu'utiles ; mieux eût valu peut-être laisser aux choses leur cours naturel ; car, favoriser une industrie aux dépens d'une autre, c'est attenter à la liberté, c'est abuser de la force des faveurs, et comprimer d'autres germes de prospérité, qu'un peu d'aide aurait pu faire éclore.

Sachons pourtant rendre justice à l'intention qui donna lieu à ces premières tentatives. Entreprises à des époques peu favorables, elles ne pouvaient prospérer au milieu des entraves que leur opposèrent si long-temps, l'ignorance et les préjugés.

Ce ne fut que plus tard, que l'on sentit le besoin d'étudier les arts, dont plusieurs avaient été jusqu'alors un objet de mépris ; ce fut plus tard encore, que l'on comprit que la théorie des sciences, dont l'étude avait été presque toujours séparée de l'application, n'a de valeur réelle, qu'autant qu'on peut la faire servir au perfectionnement des arts.

Cette époque fut marquée par la création des Sociétés d'Agriculture, dont vous le savez, Mesieurs, notre Bretagne, toujours si mal connue, donna le premier exemple. Ces Sociétés établies, par suite, dans toutes les provinces du royaume, eurent pour effet immédiat de remettre les arts en honneur et de répandre autour d'elles quelques-uns des rayons de la science que la capitale avait seule tenus concentrés dans son sein. Ce nouveau progrès, tout immense qu'il est, était pourtant encore insuffisant, si l'on considère celui que nous avons atteint.

La science théorique et la science pratique, quoique liées déjà par des rapports plus multipliés et se prêtant un mutuel appui, se tenaient encore à trop de distance l'une de l'autre. Pour que l'utile fusion dont nous parlons pût s'opérer , il fallait que le savant, retranché dans les hauteurs des abstractions, désertât quelquefois son cabinet, pour descendre dans les ateliers, et que l'ouvrier, affranchi à son tour des préjugés de la routine, consentît à se dégager de temps en temps de la matière brute, pour éliminer ses facultés et s'initier à la connaissance des causes. Ce rapprochement, d'où dépendait tout l'avenir de l'industrie, ne pouvait être que la suite d'une grande réforme dans les idées philosophiques et les rapports sociaux qui en découlent : on voit assez que je veux parler des démarcations encore trop prononcées des diverses classes de la société, et de l'état d'hostilité permanente entretenue par l'esprit de corporation : je ne puis indiquer qu'en passant cette difficulté radicale, dont le temps seul avait le pouvoir de triompher. Ce n'est pas que, de nos jours, elle soit encore effacée; affaiblie seulement, cette difficulté subsiste quoiqu'à un moindre degré. Qui ne sait que, dans beaucoup de corps d'état, loin d'aspirer à répandre les connaissances qui leur sont propres, ceux qui en font partie, s'attachent au contraire à renfermer dans le secret, les procédés de leur art, comme s'ils devaient ne profiter qu'à eux seuls et ne jamais sortir du degré d'imperfection où les retient cet isolement : funeste exemple qui porte en lui la mort de toute civilisation ! C'est sous l'empire de tels principes, qu'on pourrait nommer sacrilèges, que l'antique et ténébreuse Egypte réussit pendant des siècles à comprimer l'essor de l'esprit humain. Ce système d'isolement a trouvé long-temps des imitateurs dans nos nations modernes, témoins l'Angleterre et la Hollande....

Cependant, Messieurs, une pensée contraire, aussi grande que généreuse, parvint enfin à dominer ces périssables combinaisons de l'égoïsme. Des voix fortes ont dit : Formons un faisceau de toutes les connaissances utiles sans acception de temps et de lieux ; associons nos efforts pour qu'ils soient plus puissants, et que l'arbre de l'industrie, protégé par les soins d'une philantropie éclairée, répande au loin ses innombrables rameaux pour en rendre les fruits accessibles au plus grand nombre. Ces voix ont eu de l'écho en France, et la *Société d'encouragement pour l'Industrie nationale* fut formée à Paris. C'est à cette Société mère, dont l'origine ne remonte guères qu'au commencement de la première révolution, que nous devons d'avoir réalisé ces idées, ou du moins d'avoir posé les principes généraux qui servirent depuis à les mettre en pratique. Elle se recruta d'un grand nombre de savants et de praticiens, réunis sous les auspices du développement toujours croissant de l'industrie, et animés du désir d'en répandre le goût et les bienfaits. Outre les travaux de ses membres, elle s'attacha à donner aux recherches une bonne direction, à fonder des prix, à provoquer enfin l'émulation par la publication de ses mémoires et par différents autres moyens d'encouragement. Le mérite de cette Société célèbre vous est d'ailleurs assez connu, pour que je sois dispensé d'en faire ici l'éloge. Je n'ai voulu en la nommant, que prendre date de son origine et de l'époque industrielle dont elle fut en quelque sorte l'expression.

Mais ici, une réflexion se présente : cette Société existe depuis plus de quarante ans ; une réputation méritée lui a donné toute l'influence qu'elle pouvait désirer pour l'accomplissement de ses projets ; d'où vient donc qu'autour de nous, dans nos campagnes et même dans nos grandes villes, nous ne voyons pas un progrès toujours en rapport avec ce qu'on avait lieu d'espérer ? Pourquoi l'éducation morale et industrielle est-elle si incomplète et même si nulle parmi les ouvriers ? Pourquoi ?... Il y aurait trop de choses à dire à ce sujet. Arrêtons seulement vos regards sur un seul fait, qui suffit peut-être pour répondre à toutes ces questions ; c'est, on ne saurait trop le redire, que le système de centralisation dans la capitale, en même temps qu'il est injuste et anti-progressif, a pour effet d'attirer sur un seul point, un excès d'activité qui n'est pas sans danger, tandis qu'on ne voit au loin que langueur et stagnation. La Société d'Encouragement pour l'Industrie nationale, malgré ses bonnes intentions, ne pouvait vaincre des difficultés inhérentes à sa situation ; les plus puissants moyens d'influence, ceux de l'exemple et de la parole, n'ont pu s'exercer avec succès chez les ouvriers, que dans un rayon très-borné de la capitale.

Vous prévoyez déjà, Messieurs, la nécessité des Sociétés industrielles de la nature de la nôtre : réparties dans les départements, plus rapprochées des individus, parce qu'elles agissent sur de moindres masses, il leur était donné, de pouvoir se modifier en raison des besoins et des ressources des localités, de reconnaître les causes du mal et d'y remédier, d'individualiser enfin tous les moyens d'action dont elles pouvaient se servir.

Ces Sociétés Industrielles sont donc aussi, comme on peut en juger, l'expression d'un besoin qui s'était déjà fait sentir, mais qui, comme tant d'autres choses, était resté long-temps dans le silence, avant que des circonstances propices et des hommes capables lui eussent fourni l'occasion de se manifester.

Rendons ici hommage aux fondateurs de la Société Industrielle de Mulhouse ; les premiers ils ont senti et signalé ce nouveau progrès. Fondée en 1827, dans le département du Haut-Rhin, cette Société a déjà acquis une telle réputation, par le nombre et l'importance de ses publications, qu'elle marche presque sur la même ligne que celle d'Encouragement.

Deux villes seulement ont suivi cet exemple : Nantes et Angers, auxquelles bientôt sans doute il faudra ajouter celle de Metz qui, tout récemment, nous a fait demander communication de nos réglements.

J'ai parcouru jusqu'ici, avec la rapidité qui m'était imposée par ma position, le cercle des principales circonstances qui ont, à diverses époques, présidé aux choix des encouragements donnés à l'industrie. J'ai été conduit ainsi à parler de la création de plusieurs associations, que j'ai représentées comme l'effet d'une plus grande activité dans les arts et comme de nouveaux moyens de progrès. Au nombre de ces associations se trouvent les Sociétés Industrielles, dont celle de Nantes est la seconde, en ordre de date.

Quelque imparfait que soit cet aperçu, j'ai pensé qu'il était utile d'en faire l'objet de ce discours, au moment où vous vous disposez à rentrer dans la voie qui vous avait d'abord été tracée, et dont vous ne vous êtes écartés que par des motifs d'intérêt public.

Il me resterait, pour compléter cette exquisse, à mettre sous vos yeux le tableau de ce qui a été fait jusqu'ici par votre coopération ; mais cet exposé vous est connu, au moins en ce qui regarde les années 1830 et 1831, par un discours de M. Le Sant, alors Président ; et quant à l'exercice de 1832, M. le Secrétaire est chargé de vous le faire connaître.

Ce qu'il ne faut pas oublier, c'est que l'idée de fonder une Société Industrielle à Nantes est due tout entière à M. Mellinet, que nous sommes d'ailleurs habitués à trouver partout où l'humanité réclame le concours des lumières et du dévouement. Ce fut le 2 *août* 1829, qu'après avoir réuni un petit nombre de signatures, M. Mellinet présenta le plan de cette institution.

Des démarches nécessaires, faites auprès des autorités, prouvèrent bientôt qu'elles ne comprenaient point le but utile de cette Société naissante. Peut-être aussi que, fortement préoccupées d'un système de gouvernement où il s'agissait de rétablir des formes aristocratiques, elles auraient cru nuire à ce système, en fournissant un moyen d'influence à des hommes auxquels on craignait d'en donner.

Repris en 1830, ce projet fut accueilli aussitôt par des magistrats dirigés par d'autres principes, et qui sympathisaient avec les idées de progrès. Mais cette Société était à peine organisée qu'il fallut changer sa direction, ou plutôt l'arrêter, pour la convertir *non en Société*, mais *en Comité de secours*, transformation qui reçut l'assentiment de tous les souscripteurs, et était d'ailleurs impérieusement prescrite, par cette crise financière préparée depuis long-temps, et dont la révolution de juillet ne fit que précipiter l'évènement.

Vous savez, Messieurs, comment ce Comité de secours s'entendit avec l'administration municipale pour procurer du travail aux ouvriers. Il est bon de rappeler qu'en cette occasion, le Comité dépensa pour sa part 14,470 fr., sans y comprendre 5,600 fr. qu'il reçut de la Mairie pour le même objet.

Dans cet état, M. Le Sant osa ne pas désespérer d'une Société dont il savait apprécier tout l'avenir.

Il en rassembla chez lui les éléments près de se séparer ; et, avec cette activité qu'on lui a vue depuis déployer dans une magistrature qu'il remplit avec tant de distinction, il parvint à triompher des difficultés, et à régénérer cette œuvre sur le point de périr.

Que les souscripteurs ne perdent donc jamais de vue, que le Comité de secours n'a été qu'un moyen transitoire et obligé, pour lequel on a momentanément sacrifié les projets primitivement arrêtés. Je ne crains donc pas de citer à ce sujet ces lignes d'un discours de M. Le Sant, qui fut prononcé le 16 octobre 1831 : « Puissions-nous vous » faire partager la conviction dans laquelle nous » sommes, que votre tâche ne consiste pas seule- » ment à procurer aux ouvriers un secours passager, » mais qu'elle doit principalement comporter une » réforme morale de cette classe nombreuse, ré- » forme sans laquelle aucune amélioration n'est pos- » sible. »

Cet avertissement était nécessaire, et l'est peut-être encore. Si je ne me trompe, on n'a point assez distingué la différence entre la Société Industrielle et celles qui sont spécialement chargées de porter des secours directs aux personnes indigentes. Les secours sont bien sans doute dans nos attributions, mais non à titre d'aumône : c'est dans des vues d'encouragement, et comme récompense du travail, et surtout de la bonne conduite des ouvriers. Cette différence, et ce que je vais ajouter, achèveront, je l'espère, de bien caractériser et de bien faire connaître la Société Industrielle, objet principal de ce discours.

La manière dont nous concevons son organisation nous permet de comprendre, sous trois divisions distinctes, les moyens d'influence qu'elle se propose d'employer.

Sous le premier rapport, c'est une Société savante où les membres sont appelés à communiquer le résultat de leurs observations sur toutes les branches de l'industrie. De là, la nécessité de nommer de nombreuses commissions, relatives aux arts mathématiques, chimiques et intellectuels dont le but est de recueillir et d'apprécier toutes les découvertes et tous les perfectionnements qui viennent à se révéler dans les arts.

Sous le second rapport, nous voyons un mode d'influence, que j'appellerai mode de propagation. La Société ne se borne pas à publier le relevé de ses travaux, mais elle fait des communications verbales ou écrites sous forme de consulattions. C'est, si vous l'aimez mieux, l'image d'un bureau de renseignements, où tout ouvrier intelligent, peut espérer de trouver la solution des difficultés qu'il rencontre dans la pratique de son état. Ici se rattachent l'établissement des bibliothèques et des collections de modèles, les séances publiques, et l'admission aux conférences d'un certain nombre d'ouvriers.

Enfin, *le troisième mode d'action ou d'influence* est celui des secours et des encouragements. Nous avons déjà dit sous quel point de vue il fallait les envisager; je n'y reviendrai pas. J'ajouterai seulement que le Comité général de secours, dont vous avez sans doute connaissance, par le prospectus qui a été imprimé, est le résultat d'une première proposition de M. Mellinet, et que les difficultés qu'il a fallu surmonter pour en organiser le plan, sont en totalité l'œuvre de M. Dechaille.

Des trois divisions dans lesquelles j'ai renfermé tous les travaux et les moyens d'influence de la Société Industrielle, vous verrez, par le compte rendu, que c'est surtout à la dernière, comme la plus adaptée aux circonstances, qu'on s'est d'abord attaché. Rien ne s'oppose maintenant à ce que vous ne donniez à vos travaux d'autres directions. L'année que nous avons commencée ne se passera pas, il faut l'espérer, sans que vous ayez réussi à consacrer ce nouveau progrès. Cependant, Messieurs, cette organisation, les avantages que nous nous promettons d'en retirer, sont entièrement subordonnés aux ressources pécuniaires que vous aurez à votre disposition.

Ces ressources, Messieurs, seront grandes, sans doute, du moment où l'on comprendra tout le bien qui peut résulter de notre Société, car il s'agit d'ordre et de progrès dans les mœurs, c'est-à dire des plus grands besoins de l'époque. Bien pénétrées de ces vérités, les personnes riches qui consacrent une portion de leur fortune à des actes de bienfaisance, voudront atteindre ce but en dotant cette institution, soit par des legs, soit par des dons d'une autre nature. Nous en avons déjà un exemple éclatant dans la munificence du Prince Royal, qui de plus a bien voulu accepter le titre de président honoraire. Deux de nos membres, qui me sauraient mauvais gré de les nommer, ont donné, l'un 1,000 fr., et l'autre 500 fr. Espérons que les deux versements de fonds dont nous sommes redevables au gouvernement, continueront à se renouveler dans les années suivantes.

Remarquez pourtant, Messieurs, que ces dons partiels seront bientôt épuisés, et que, vu leur éventualité, c'est sur les souscripteurs ordinaires que nous devons le plus compter. Un jour viendra où le fonds de réserve sera assez considérable pour nous mettre en état de marcher de nos propres forces;

mais on ne peut entrevoir cette époque qu'après plusieurs années de cotisation.

Telles sont les ressources de la Société. Elle compte encore beaucoup sur un appui moral ; ses membres ont besoin d'être eux-mêmes encouragés, dans la pénible tâche qu'ils se sont imposée, par l'assentiment et le concours des hommes éclairés de toutes les conditions, et de ceux qui, par leur haute position sociale, sont plus à même de protéger l'industrie.

Eh! quel meilleur présage pouvions-nous avoir, des succès qui nous sont sans doute réservés, lorsque dans cette enceinte, nous voyons réunies toutes les autorités protectrices à l'abri desquelles nous jouissons du calme et de la liberté! leur présence parmi nous, n'est-elle pas à la fois et le plus grand encouragement et une sorte de sanction donnée à nos travaux.

Ouvriers! nous demandons aussi votre concours ; car enfin, dans cette œuvre que prépare la Société Industrielle, c'est vous qui êtes appelés surtout à profiter de ses avantages ; si vous restez sourds à nos paroles, si vous ne nous aidez par de bonnes dispositions, c'en est fait, la Société est sans but, il ne reste qu'à la dissoudre.

Ce que nous vous demandons, ce sont des exemples de bonne conduite.

Vous avez tous les germes de vertus, mais ils sont étouffés par des mauvaises habitudes.

Je n'ignore pas que les bonnes habitudes viennent d'une bonne éducation, et qu'on n'a rien fait jusqu'ici pour vous la donner cette éducation. Vous l'aurez maintenant ; c'est un devoir que le gouvernement s'attache à remplir, et il était temps d'y songer : nous voulons aussi pousser à la roue de ce côté; c'est le grand œuvre, c'est le but principal, c'est tout enfin.

Or, savez vous ouvriers, quel est le plus grand obstacle, la plus grande des difficultés dans la réforme de votre éducation physique et morale? Je vous entends répondre que c'est l'insuffisance de vos ressources, le manque d'écoles gratuites et l'isolement où l'on vous a laissés; moi, je dis que c'est autre chose encore, quelque chose de plus capital.... *C'est la funeste habitude de l'ivresse.*

Oui, le vin, telle est la première et la plus grande cause de la misère dont vous vous plaignez. Le vin abrutit, le vin démoralise, le vin compromet toutes les facultés; malheur à l'homme dominé par cette honteuse passion : en vain serait-il doué des plus brillantes dispositions, il ne sera jamais qu'un ouvrier médiocre; il ne sera jamais bon citoyen, bon époux, bon père; que dis-je! il ne sera que le fléau de sa famille et d'autant plus coupable que son dangereux exemple peut se propager jusque dans ses enfants.

Le vin vous fait méconnaître les plus douces habitudes, je veux dire les habitudes domestiques, et vous fait déserter la maison, abandonner vos femmes et vos enfants, pour prendre avec des étrangers des plaisirs que ne partagent point vos familles; il vous fait perdre de plus, le temps, la santé et le fruit de vos journées.

Je n'ajoute qu'un mot pour terminer; ouvriers, si vous aimez ces enfants que la Société Industrielle a pris sous son patronage, si vous voulez qu'ils puissent atteindre un jour à une honnête aisance, qu'ils deviennent de bons pères de famille et de bons citoyens, attachez-vous sans relâche à les préserver de l'habitude du vin; qu'ils aient l'ivresse en horreur, et j'ose vous répondre alors de leur avenir.

COMPTE RENDU

DES TRAVAUX

DE LA SOCIÉTÉ INDUSTRIELLE,

PENDANT L'ANNÉE 1832,

PAR M. DE TOLLENARE FILS, SECRÉTAIRE.

Messieurs,

Les souscripteurs à la Société Industrielle se réunissent aujourd'hui dans le but de prendre connaissance des travaux que le Comité Central, institué par eux, a exécutés en leur nom depuis le mois d'octobre 1831. Ce but va être rempli en comparant successivement la série de ces travaux avec le programme qui a été offert au public, et après avoir indiqué les ressources financières qui y ont pourvu; mais, préalablement, il convient d'exposer quels noms sont sortis de l'urne des élections pour la formation du Bureau et du Comité Central.

Conformément à l'article 7 du réglement, ont été élus, dans la séance du 31 octobre :

Président, M.r BARRAT.
Vice-Président, M.r DORÉ-GRASLIN.
Secrétaire, M.r DE TOLLENARE fils.
Secrétaire-Adjoint, M.r TALVANDE.

Nouveaux membres du Comité Central.

MM. Dechaille, de Robineau, Palois, Anthus, Brieugne, Prevel, C.-G. Simon, Th. Lorieux, A. Guépin.

Ceux qui sont restés pour accomplir leur deuxième année sont :

MM. Mareschal, *Vice-Président.*
Mellinet, *Secrétaire.*
Le Breton, *Secrétaire-Adjoint.*
Ed. Gouin, *Trésorier.*
C. Verger, *Archiviste.*

MM. F. Favre, de Tollenare père, Goupillau, Mesnil, Jollet, Verger aîné, Membres du Comité Central.

Les premières ressources que trouva la nouvelle administration, à son entrée en fonctions, furent le produit des souscriptions ouvertes dès le mois d'octobre 1831, et continuées jusqu'à ce jour. Elle dut rechercher les moyens de les augmenter, et ses efforts n'ont pas été vains.

Un homme d'état distingué, que la France a perdu, le ministre d'un gouvernement qui promit, à sa naissance, l'amélioration de la classe ouvrière, M. Casimir Perrier comprit les résultats que l'on devait attendre de la Société Industrielle, et assigna six mille francs pour l'aider dans ses travaux. Il fut déterminé à cet acte de discernement par l'exposé judicieux que lui fit de nos projets M. le colonel Robineau de Bougon que sa sollicitude habituelle pour notre ville avait appelé à Paris.

Encouragés par l'intérêt que le gouvernement prenait à notre existence, nous cherchâmes un appui près de l'héritier du trône en lui offrant la présidence honoraire de la Société. Elle fut acceptée, et la libéralité du Prince vint encore augmenter nos ressources. Ainsi, Messieurs, le duc d'Orléans est aujourd'hui Président honoraire de la Société Industrielle; il témoigne, par ce patronage, sa sympathie pour la classe ouvrière; puisse celle-ci, en retour, lui prouver sa reconnaissance par son amour de l'ordre et son attachement aux institutions créées en sa faveur.

Il ne nous est pas permis, Messieurs, de jeter le voile de l'oubli sur les fêtes de janvier 1832. Destinées à secourir par leurs produits les classes ouvrières et indigentes, elles ont aussi tourné au profit de notre institution, et nous saisirons cette circonstance pour offrir nos remerciements aux hommes du monde qui se sont empressés de souscrire à ces fêtes, et surtout aux dames qui, en consentant à les embellir de leur présence, ont si bien contribué à l'accroissement de nos ressources.

Passons maintenant, Messieurs, à l'exposé de l'emploi des fonds qu'a réunis le Comité Central, et dont les comptes de M. le Trésorier feront connaître le détail. C'est avec le programme sous les yeux que nous suivrons les travaux du Comité.

Le premier article porte :

« Un huitième des fonds sera consacré à des » encouragements pour l'instruction primaire des » jeunes garçons, enfants d'ouvriers de la ville.

Vous le voyez, c'est dès la première phase de la vie humaine que la Société Industrielle vient exercer son influence sur la classe ouvrière. Elle prend l'enfant à l'âge le plus critique de sa carrière, car tout son avenir dépend des soins qu'on lui donne alors et des principes qu'on lui inculque. De nombreuses écoles primaires sont, il est vrai, créées dans notre ville, mais l'enfant d'une famille pauvre en est fréquemment retiré avant d'être rendu apte à recueillir le fruit de ses études ; il oublie bientôt le peu qu'il a appris ; et, quand il est devenu homme, il ne lui en reste souvent plus de traces. D'où vient ce résultat fâcheux ? Faut-il en rechercher la cause dans le mode d'instruction ? Non, Messieurs, observez, et vous vérifierez bientôt que les parents sont fréquemment trop empressés de hâter l'époque où leurs enfants doivent faire eux-mêmes quelques gains. — Ils n'ont souvent pas assez de pain à distribuer dans leur nombreuse famille, et, sans calculer le tort qu'ils font à ces enfants qu'ils chérissent cependant, ils les retirent des écoles, inhabiles encore à lire et à écrire. C'est pour remédier à ces trop hâtives désertions des écoles que la Société a cru devoir employer une partie de ses fonds.

MM. Mareschal, Brieugne, Th. Chéguillaume, Polo aîné, Urbain et Chénard ont été chargés de cette réforme importante. Ils ont parcouru les écoles primaires, ils y ont fait la recherche des élèves studieux, ils les ont encouragés par leurs conseils, et quand ces enfants encore trop peu instruits devaient néanmoins quitter l'école par suite de l'état de gêne de leur famille, ils les ont appelés sous la protection de la Société. Des secours en argent, en pain, ou en habillement leur sont accordés suivant leur situation ; ils ne sont plus alors à la charge de leurs parents, ils acquièrent une instruction plus solide et plus durable, leur intelligence s'éclaire et leurs forces physiques prennent le développement nécessaire pour les travaux manuels qu'ils doivent exécuter plus tard.

Quand le fils d'un ouvrier sait lire, écrire, compter et possède quelques notions de dessin et de géométrie, il faut qu'il apprenne un état. Ses parents sont-ils à l'aise, il est mis en apprentissage pour plusieurs années, il devient un bon ouvrier. Mais appartient-il à une famille pauvre, si quelque véritable bienfaiteur n'arrive à son secours, il ne peut suivre la carrière qu'il désire et dans laquelle dès lors il réussirait.

La Société Industrielle vient ici faire un bon usage de ses fonds en accomplissant l'article 2 du programme, exprimé en ces termes :

« 2|8 des fonds seront consacrés à l'apprentissage » des jeunes gens sortis de l'enseignement primaire, » qui devront suivre les cours gratuits de dessin et » de géométrie et recevront une prime, dont moitié » ira à la caisse d'épargne. »

MM. Brieugne, Pinard, L. Bertrand-Fourmand, Margot jeune et Moïse Derivas ont bien voulu prendre la direction de ces jeunes apprentis. Ils ont recueilli les enfants dont les parents manquaient de moyens pour payer un apprentissage, il les ont placés chez des maîtres de divers états, et pour subvenir à leurs menues dépenses et leur donner en même temps une leçon d'économie, ils leur ont fait accorder une prime de 3 francs par mois, dont moitié est, par les jeunes gens eux-mêmes, versée à la caisse d'épargne de cette ville. Indépendamment de cette rétribution, ils sont assurés de leur pain pendant toute la durée de leur apprentissage. C'est ainsi que le Comité Central a réussi à placer 46 apprentis avec les fonds qui ont été consacrés à cet objet.

Il devait exiger de ceux-ci de suivre les cours gratuits de dessin et de géométrie. Jaloux de leur faire remplir cette condition, il s'est efforcé de surmonter les obstacles qu'il a rencontrés.

D'une part, le cours gratuit de géométrie se trouvait suspendu.

De l'autre, le nombre des élèves de l'école gratuite de dessin, entretenue par la commune, se trouvant limité , il était impossible d'y faire admettre ces jeunes apprentis.

C'est alors qu'il conçut le plan d'une école spéciale pour ceux-ci, école dans laquelle ils recevraient non-seulement des leçons de dessin, mais encore des notions assez étendues de géométrie pratique.

MM. de Robineau, Doré Graslin, C. Verger, Lorieux, de Tollenare fils ont été adjoints aux membres de la commission des apprentis pour fonder cette école.

Un local, peu dispendieux, dans la cour de l'industrie fut garni de tables, de bancs, de pupîtres, de tableaux, et huit jours après la décision du Comité Central, les élèves venaient déjà s'exercer au calcul, ainsi qu'à l'écriture, sous la surveillance de MM. Gaulier qui, depuis, n'ont pas discontinué de venir deux fois par semaine donner leurs soins gratuits aux jeunes apprentis. Il fallut alors s'occuper du choix d'un professeur, il devait posséder la connaissance de l'arithmétique, de la géométrie élémentaire et de la géométrie descriptive, avec ses applications. Indépendamment d'une grande pratique dans le dessin et le lavis, il ne devait pas être étranger à la manutention, afin d'être capable d'indiquer aux élèves les nombreuses applications que l'on peut faire de la géométrie dans les arts.

M. Dardignac, ancien élève de l'école des arts et métiers d'Angers, a été agréé comme professeur.

Le matin, avant l'heure du déjeûner des ouvriers, nos jeunes apprentis sont dispensés par leurs maîtres de paraître à leurs ateliers, c'est une condition du contrat. Ils viennent à notre école, où ils trouvent tout ce qui est nécessaire pour leur instruction. Constamment sous la surveillance de leur professeur, souvent visités par des membres du Comité Central, ils travaillent avec un zèle digne d'éloges. Aussi leurs progrès sont-ils rapides, et nous avons l'espoir fondé qu'ils deviendront un jour des ouvriers distingués.

Je voudrais ici, Messieurs, désigner à votre reconnaissance deux membres de la commission des apprentis auxquels nous devons certainement la prospérité de notre école, ils la visitent tous les jours, et l'un d'eux, arrivé constamment avant les élèves qui ne sont quittés qu'au départ, ne cesse de les surveiller, de les encourager, de les éclairer de ses conseils, tandis que sa libéralité fournit souvent à leurs besoins. Trop modestes dans leurs actes et leur désintéressement ils me sauraient mauvais gré de les nommer. Mais que ceux qui s'intéressent à notre école prennent la peine d'aller la visiter, ils y seront reçus de manière à justifier l'éloge que je hasarde, et ils verront quels résultats on peut obtenir quand la charité se convertit en œuvres.

Le 3.e article du programme a subi quelques légères modifications dont MM. les sociétaires comprendront l'opportunité.

Il est dit :

« 1/8 des fonds sera consacré ; 1.° à des prix accordés aux ouvriers adultes qui se seront distingués » par leur bonne conduite et leur habileté ; 2.° aux » frais d'administration. »

Ces frais ont été presque nuls cette année. Grâce à l'obligeance de M. C. Verger, le comité central n'a pas eu besoin de payer un local ; nos annonces ont été reçues gratuitement par MM. les Gérants des journaux ; aussi avons-nous pu faire un plus large emploi de nos économies. Nous les avons consacrées à l'encouragement de nos jeunes enfants ; ils ont déjà reçu quelques prix lors du dernier anniversaire de juillet, il va leur en être décerné aujourd'hui de nouveaux, en récompense de leur zèle et de leur application. Vous approuverez sans doute cette disposition.

Quant aux prix accordés aux ouvriers, ils sont annoncés depuis long-temps; à la fin de cette séance les lauréats seront appelés à les recevoir. Cet article du prospectus semblait, Messieurs, d'une application facile, mais de grandes difficultés ont apparu quand il s'est agi de le mettre en exécution. Une commission composée de MM. Verger, Robineau, Le Sant, Babonneau aîné, L. Vallet, chargée de ce travail, n'a réussi à l'accomplir qu'après de nombreux essais. Le principe d'élection étant consacré pour ces prix à décerner, il a fallu que les ouvriers nommassent eux-mêmes leurs candidats. Mais pouvait-on convoquer à la fois les ouvriers de toutes les professions, leur faire nommer un nombre de candidats proportionnels au nombre d'ouvriers dans chaque profession; fallait-il soumettre ce résultat du scrutin à un jury qui aurait choisi les professions, dans lesquelles quelques progrès auraient été faits, puis enfin prendre les élus dans les candidats, appartenant à ces professions.

Ainsi l'avait d'abord dans sa consciencieuse régularité, désiré la Commission. Elle avait, à cette occasion, fait le travail immense du dénombrement des ouvriers de chaque industrie. Le Comité Central a dû renoncer, vu les difficultés d'exécution, à l'adoption du projet en entier de la commission. Il a pensé qu'il convenait de donner des encouragements aux ouvriers plutôt qu'à l'industrie elle-même, dont toutes les branches auraient été appelées à concourir entr'elles. Admettant toujours le principe d'élections, il n'a proposé des prix cette année qu'à un nombre limité de professions, les autres seront successivement appelées dans les années à venir.

Restait, après cette décision, le travail à faire des élections. Quoique le mode employé ne nous ait pas réussi dans tous les cas, nous devons des remerciements à Messieurs les chefs d'établissement qui ont bien voulu l'approprier aux diverses circonstances.

MM. Mesnil, Babonneau, Abady, ont recueilli les suffrages des contre-maîtres mécaniciens, tourneurs en fer, fondeurs et forgerons.

MM. Jollet, Dubignon, Bertrand, ceux des contre-maîtres charpentiers de navires.

MM. Guillement, Vallet, Lahaye, ceux des ouvriers fileurs.

MM. Barjolle, Birot, Menager, ceux des ouvriers tisserands.

MM. Margot jeune, Mignard, Fabriés, ceux des ouvriers menuisiers.

MM. W. Moreau, Lecoq, Fournier, ceux des ouvriers chapeliers.

MM. Nicolo, Bertrand-Fourmand cadet, Solassier, ceux des ouvriers serruriers.

MM. Bataille Weber, Thomas Cheguillaume, Pineau-Pion, ceux des ouvriers tanneurs.

Vu l'impossibilité d'obtenir une réunion des pilôtes du département, MM. Gautreau, Richer, Thebaud, ont été priés de présenter trois candidats à leurs choix.

Après avoir recueilli les résultats des diverses élections, après avoir pris connaissance des observations et renseignements qui lui ont été communiqués, le Comité Central a choisi parmi les candidats, les élus dont les noms vont être rendus publics à la fin de cette séance.

Les menuisiers ne devaient recevoir que deux prix, ils en recevront trois en récompense de l'intérêt et du zèle qu'ils ont mis dans leurs élections, et des idées d'ordre et de sagesse qui les ont guidés dans leurs choix.

Nous allons passer, Messieurs, à l'article 4 du programme.

« 1/16 des fonds sera consacré à la formation » d'une bibliothèque adaptée à l'usage des ouvriers » de toutes les classes, et qui ne devra comporter » aucun autre frais que ceux d'achats de livres. Si » le 1/16 excédait la somme de 200 fr., le surplus » serait affecté à l'exécution des propositions provi- » soirement ajournées. »

La somme accordée pour l'établissement d'une bibliothèque était bien minime. Le Comité Central a dû cependant suivre l'injonction du programme. Il a chargé MM. Palois, Guépin, Marion de Procé, Douillard jeune et de Tollenare père, de former le noyau de cette bibliothèque industrielle qu'il serait si important par la suite d'accroître et de rendre plus populaire. Un certain nombre de volumes choisis parmi ceux qu'a recommandés la Société pour l'instruction élémentaire ou jouissant d'une réputation bien méritée, a été acquis cette année. M. de Tollenare père en est le dépositaire. Il les prête aux ouvriers qui se présentent les dimanches de 10 à 2 heures, et se fait un plaisir d'y joindre ceux de sa bibliothèque qu'il offre ou qui lui sont demandés.

Le surplus des sommes allouées à l'art. 4, a servi à l'établissement de l'école des apprentis.

L'article 5 du programme consacre « 3/16 des » fonds à la création de caisses de secours mutuels » dans cette ville. »

Le comité central a cru devoir les réunir toutes en une seule, établie sur une base large et durable. Notre ville de Nantes attendait depuis long-temps une fondation de ce genre. La caisse d'épargne, si utile pour recevoir les dépôts des personnes qui, dans leur vieillesse, y retrouvent le fruit de leurs prévoyantes économies, ne pouvait servir à fournir des secours aux ouvriers accidentellement malades ; et, loin de vouloir entrer en concurrence avec les fondateurs de la caisse d'épargne, la Société Industrielle n'a songé qu'à compléter ce qu'ils ont si sagement commencé. Elle a créé un établissement nouveau dont l'effet salutaire ne tardera pas à se faire sentir dans la classe ouvrière.

MM. Dechaille, Mellinet, Lorieux, Bataille-Weber, Guillemet aîné, ont été chargés de fonder cette caisse générale de secours entre ouvriers. Des statuts précis et détaillés ont été par eux rédigés et soumis à l'approbation de l'autorité. Par le zèle et les lumières qu'il a constamment apportés dans ce travail, M. Dechaille doit être considéré comme le fondateur du Comité de secours mutuels pour les ouvriers de la ville de Nantes, institué par la Société Industrielle, sous la protection de M. le Maire.

Tel est le titre de cette nouvelle institution.

Le Comité se compose de deux classes de sociétaires :

1.° Ceux qui paient la rétribution annuelle en renonçant aux secours, ce sont les sociétaires bienfaiteurs ;

2.° Ceux qui paient la rétribution annuelle, et sont admissibles aux secours ; ce sont les sociétaires pour qui l'institution existe.

La rétribution est de 13 fr. par an, ou de 5 sous par semaine. En cas de maladie, les secours consistent dans les soins gratuits du médecin et dans l'allocation de 1 fr. par jour durant tout le temps que le malade est privé de son travail.

Le comité est dirigé par une administration centrale et des administrations spéciales qui se forment parmi les ouvriers de chaque, profession quand ils sont en nombre suffisant.

Chacune de ces dernières administrations a un président élu par les ouvriers eux-mêmes et un délégué de l'administration centrale choisi parmi les sociétaires bienfaiteurs.

L'administration centrale est composée de 3 membres du Comité central de la Société Industrielle, qui s'adjoignent deux sociétaires bienfaiteurs, et enfin de tous les présidents et délégués des administrations spéciales.

Les trois membres élus par le Comité central de la Société Industrielle sont MM. Dechaille, Simon et C. Verger.

Le dernier article du programme consacre « 2/8 » des fonds à la formation d'un capital placé à in- » térêts pour le compte de la Société, et destiné à » prévenir les éventualités des souscriptions ulté- » rieures. »

Cet article a donné lieu à la formation d'une commission, dite des finances, composée de MM. F. Favre, Simon, de Conninck, Anthus, Toché jeune, et à laquelle M. Ed. Gouin, trésorier, se trouve naturellement adjoint.

Cette commission est chargée d'examiner chaque année les comptes de la Société, et c'est par ses soins que le capital de réserve a été placé en rentes sur l'état.

Nous avons parcouru, Messieurs, succinctement les divers articles du programme ; il vous sera maintenant facile de saisir l'ensemble des travaux de la Société Industrielle. Ils sont tous dirigés vers le bien-être de la classe ouvrière ; ils tendent tous à la rendre plus heureuse matériellement parlant, et aussi à la rendre plus morale ; or, on le sait, c'est surtout vers ce dernier but que vous vous plaisez à diriger vos louables efforts.

Quand vous régénerez la Société, Messieurs, quand vous la rendez meilleure, vous la rendez aussi plus heureuse. Introduit par vous dans la voie de la moralité, l'ouvrier rangé ne viendra plus couvert de haillons demander de l'ouvrage ; encore moins alors verrons-nous la mendicité une profession comme elle l'est encore aujourd'hui pour la honte de notre siècle ; dans les années où les moissons sont peu abondantes, le peuple devenu plus moral et par suite plus économe, ne se laissera plus surprendre par la misère ; les partis révolutionnaires n'exploiteront plus l'infortune pour l'entraîner dans le crime, et l'on ne verra plus des bandes effrénées, des masses dégoûtantes demander à grands cris du sang.... Le sang de leurs concitoyens.

La régénération de la classe ouvrière, voilà donc le but vers lequel doivent tendre les travaux de la Société Industrielle, et vous avez vu les moyens qu'elle emploie pour y parvenir.

Elle laisse aux Sociétés de Maternité le soin d'élever au berceau l'enfant du malheureux ; aux Sociétés des Salles d'Asile celui de décharger la femme d'ateliers de la surveillance captivante de l'enfant qui, sans prudence, essaie ses premiers pas. Elle laisse encore les nombreuses écoles primaires ouvrir leurs portes à tous les enfants des ouvriers de notre ville, et là sa mission commence.

Elle y maintient ceux que les parents sont trop empressés d'enlever à l'instruction élémentaire, et ce premier acte seul doit avoir une grande influence sur leur avenir.

Elle place ensuite ces jeunes gens en apprentissage et commence leur éducation secondaire en les réunissant une partie du jour dans des salles d'étude. Leur éducation morale s'accomplit par les sages principes qu'ils puisent dans les livres qui leur font connaître les avantages de l'instruction et de la vertu. On leur donne les premières leçons d'économie en les obligeant à verser à la caisse d'épargne une partie de la rétribution mensuelle qui leur est accordée.

Au moment d'entrer dans la classe des ouvriers, le jeune apprenti, patronisé par la Société Industrielle, a donc sur eux un grand avantage. La sollicitude de la Société ne l'abandonne pas encore. Il est admis, comme tous les autres ouvriers, à faire partie du Comité Général de secours mutuels, et s'il tombe malade, il est certain de recevoir non-seulement des soins gratuits, mais encore une allocation qui empêchera sa famille de souffrir trop cruellement de la cessation de son travail. Comme tous les autres ouvriers, il est appelé à concourir aux prix proposés chaque année par la Société aux diverses professions. Comme tous les autres ouvriers, il peut, dans ses moments de loisir, puiser un délassement utile et agréable dans la lecture des ouvrages de la bibliothèque industrielle. En un mot, il reçoit toute sa vie une influence salutaire. Ses goûts, ses habitudes, ses idées, prennent une tournure qui le mène au bien, et si la Société Industrielle réussit un jour à étendre d'une manière générale les services qu'elle ne peut rendre encore qu'à quelques-uns, elle aura résolu le problême de la régénération de la classe ouvrière.

La route est tracée, Messieurs, n'hésitons pas à la suivre. Concourons au succès de notre Société non-seulement par notre bourse, mais encore par notre affection et nos facultés méditatives. Ce n'est pas seulement *vouloir agir* qu'il nous faut à tous : c'est *agir effectivement*, et tout à la fois avec amour et discernement, si nous voulons mériter le titre de bons citoyens.

N'oublions pas que, sans le concours des hommes d'action, nous n'eussions point vu en 1830 le réveil de la liberté, et que le drapeau tricolore qui lui servait alors de linceul ne flotterait pas aujourd'hui sur nos monuments et au milieu de nos braves pour la gloire de la France.

PRIX

DÉCERNÉS PAR LA SOCIÉTÉ INDUSTRIELLE,

DANS SA SÉANCE PUBLIQUE

DU 4 MARS 1833.

Les Prix sont donnés moitié en argent, moitié en livrets de la caisse d'épargnes. A chaque Prix est jointe une médaille frappée à l'effigie de S. A. R. le duc d'Orléans, Président-honoraire de la Société, et donnée par le Prince Royal.

1.° Prix de 100 fr. des contre-maîtres mécaniciens, tourneurs en fer, fondeurs et forgerons au sieur Jean Cussoux.

Les autres candidats présentés par leurs camarades sont : Canal, Jousso et Burnel.

2.° Prix de 100 fr. des contre-maîtres charpentiers de navires, au sieur Robert.

Les autres candidats présentés sont : Brisson et Collier.

3.° Prix de 100 fr. des raffineurs, au sieur Letort.

Les autres candidats présentés sont : Bourget, Le Borgne et Metzner.

4.° Prix de 100 fr. des pilotes du département, au sieur Joseph Bernard.

Les autres candidats présentés sont : Denis Bernard, Galeraud, Gacoin, Mossu et Guerchais.

5.° Prix de 50 fr. des ouvriers fileurs, au sieur Marcel Mabile.

Les autres candidats présentés sont : Auguste Berette et Joseph Bouyer.

6.° Prix de 50 fr. chaque des ouvriers tisserands, aux sieurs Turpin père et Goupil fils.

Les autres candidats présentés sont : Leroux et Luneau père.

7.° Prix de 50 fr. chaque des ouvriers menuisiers, aux sieurs Roger, Cérès Joachim et Jean-Louis Villedieux.

Les autres candidats présentés sont : Martin Bertagnol, Pierre-Florentin Leroy et Napoléon Danguin.

8.° Prix de 50 fr. des ouvriers chapeliers, au sieur Julien Lecompte.

Les autres candidats présentés sont : Duval et Enault.

9.° Prix de 50 fr. des ouvriers serruriers, au sieur Xavier Yaoul.

Les autres candidats présentés sont : Antoine Bousseto et Silvain Larose.

10.° Prix de 50 fr. des ouvriers tanneurs, au sieur Simon Jacques.

Les autres candidats présentés sont : Jean Brevet et Louis Merlan.

ÉCOLE LANCASTRIENNE.

1.er *Prix*. Jules Gaulier.
2.e *id.* Julieu Essau.
1.er *Accessit*. Félix Carilès.
2.e *id.* Louis Maillard.

ÉCOLE DES FRÈRES.

1.er *Prix*. Aimé Chevillard.
2.e *id*. François Boyer.
1.er *Accessit*. Louis Malory.
2.e *id*. Galien Leroux.
3.e *id*. Pierre Duport.

Prix décernés aux jeunes élèves de l'école des apprentis.

DESSIN.

1.er *Prix*. Pierre Bras, apprenti menuisier.
2.e *id*. Pierre Duplan, apprenti tourneur.
1.er *Accessit*. Julien Trébuchet, apprenti serrurier.
2.e *id*. Emm. Renaud, apprenti menuisier.

ÉCRITURE.

1.er *Prix*. Julien Thébaud, apprenti tourneur.
2.e *id*. Louis Poirier, apprenti serrurier.
1.er *Accessit*. Félix Le Batard, apprenti marbrier.
2.e *id*. François Fetu, apprenti poëlier.

Louis Trébuchet et Louis Douillard ayant remporté les prix à la distribution de juillet 1832, n'ont pas dû concourir cette année avec leurs camarades. Ils ne continuent pas moins à donner la plus grande satisfaction par leur application et leur bonne conduite.

PROGRAMME DE 1832-1833.

La Société Industrielle a rendu au public le compte de ses opérations de 1831-1832. Elle a reçu à ce sujet des témoignages de satisfaction qui ne peuvent que l'engager à continuer le système qui lui a si bien réussi, et qui paraît avoir exercé une influence si salutaire sur la classe ouvrière.

Ne pouvant toutefois se maintenir que par la continuation des souscriptions que lui confient les amis de l'ordre et du progrès, et ayant pris l'engagement de leur soumettre chaque année le programme de l'emploi qu'elle se propose de faire des fonds qui lui sont versés, elle vient, en appelant ces souscriptions pour l'exercice 1832-1833, exposer, selon sa promesse, quelle sera la répartition des voies et moyens qui en auront été le résultat.

Deux seizièmes en seront, par continuation, consacrés à des encouragements pour l'instruction primaire des jeunes garçons, enfants d'ouvriers de la ville. On sait que cet encouragement consiste en un secours alimentaire donné à ceux des enfants qui devraient quitter trop tôt les écoles pour le travail manuel, parce que l'état de gêne de leurs parents nécessiterait une retraite trop hâtive.

Cinq seizièmes seront appliqués aux frais d'apprentissage de jeunes garçons sortis de l'enseignement primaire, qui devront suivre les cours de l'*école d'apprentis* de la Société, et recevoir une prime dont moitié à verser par l'élève à la Caisse d'épargne de la ville. Les heureux effets, produits par l'expérience de 1832, font désirer un accroissement de ce genre d'encouragement, si propre à former une pépinière de bons et sages ouvriers. C'est ce qui détermine à porter à 5|16.es la fraction qui n'était que de 4|16.es l'an dernier.

Deux seizièmes, 1.° à des prix accordés, tant aux ouvriers adultes qui se seront distingués par leur bonne conduite et leur habileté, qu'aux enfants qui s'en seront rendus dignes ; 2.° aux petits frais d'administration.

Un seizième pourra être appliqué à l'accroissement de la Bibliothèque déjà commencée, et qui sera continuée dans le système d'appropriement aux besoins de moralité et d'instruction des ouvriers.

Deux seizièmes à la dotation pour cette année de la caisse générale de secours mutuels que la Société vient de fonder.

Quatre seizièmes, enfin, suivant les termes des statuts, à la formation du capital placé à intérêt pour le compte de la Société, et destiné à prévenir l'effet de l'éventualité de souscriptions ultérieures.

Cette distribution est indiquée par chiffres fractionnaires, parce qu'il sera plus ou moins fait, suivant que les souscriptions, jointes aux dons attendus, s'élèveront à des sommes plus ou moins fortes.

Le *minimum* des souscriptions est de quinze francs, qui représentent une action. Toute somme plus considérable sera reçue avec gratitude.

www.ingramcontent.com/pod-product-compliance
Lightning Source LLC
LaVergne TN
LVHW010007230826
846092LV00002B/698

9782329656199